Daniela Wirtz

# TOPFGÄRTEN

Mein blühendes POTTpourri für draußen

BLOOM's

Mit freundlicher Unterstützung von

# VORWORT

Auch wenn wir unsere eigenen vier Wände lieben, zieht es uns, spätestens mit den ersten Sonnenstrahlen im Frühjahr, nach draußen. Abwechslungsreiche Bepflanzungen machen Balkon, Terrasse und Garten zu ganz besonderen Refugien mit persönlicher Note. Dabei können Sie Ihrer Fantasie freien Lauf lassen, denn sowohl die Auswahl an Töpfen und Kübeln als auch an Pflanzen ist schier unerschöpflich, sodass sich für wirklich jeden Geschmack der passende „Topfgarten" erschaffen lässt. Wer sich dafür inspirieren lassen möchte, erhält in diesem Buch zahlreiche Ideen für Bepflanzungen in unterschiedlichen Stilrichtungen. Hierbei können Sie aufgrund der meist mobilen Gefäße selbst entscheiden, wie viele zauberhafte Blüteninseln Sie anlegen wollen und diese immer wieder neu arrangieren und platzieren. Damit Ihre grüne Oase das ganze Jahr über ein Highlight bleibt, führen die einzelnen Kapitel Sie durch alle vier Jahreszeiten und liefern Ihnen neben raffinierten Ideen auch hilfreiche Informationen zu den wichtigsten Pflanzen cer Saison sowie nützliche Tipps und Tricks.

Zwar wartet zunächst etwas Arbeit auf Sie, aber glauben Sie mir: Sobald Sie die ersten Stunden in Ihrem neuen grünen Reich verbringen, ist die Anstrengung schnell vergessen. Ich wünsche Ihnen viel Spaß beim Lesen dieses Buches und beim Kreieren Ihres ganz eigenen blühenden Pot(t)pourris.

## Ihre Daniela Wirtz

„WILLKOMMEN
IN IHREM
BLÜHENDEN PARADIES"

# INHALT

# LEGENDE

## JEDE PFLANZE IST ANDERS UND HAT DEMENTSPRECHEND UNTERSCHIEDLICHE PFLEGEANSPRÜCHE.

Das Angebot an Pflanzen ist ebenso vielfältig wie die jeweiligen Pflegeansprüche. Damit Sie lange Freude an Ihren blühenden Topfgärten haben, gilt es einige Punkte zu beachten. Als kleine Hilfestellung finden Sie am Ende jeder Saison eine Übersicht über die wichtigsten Pflanzen, die in den vorangegangenen Kapiteln verwendet wurden. Neben kurzen Infotexten finden Sie dort auch die abgebildeten Icons, die Ihnen signalisieren, wie Sie die Pflanzen pflegen sollten.

### GIESSEN

Durstig oder genügsam? Der Wassertropfen zeigt Ihnen, wie üppig Sie gießen sollten.

### DÜNGER

Ein wenig Dünger von Zeit zu Zeit wirkt Wunder. Einige grüne Mitbewohner benötigen mehr als andere.

### STANDORT

Auch die schönste Blume blüht nur da, wo sie sich wohl fühlt. Ob Sonne, Halbschatten oder Schatten zeigen Ihnen diese Symbole.

### BLÜTEZEIT

In welchen Monaten die Pflanzen in voller Bütenpracht stehen, signalisieren Ihnen diese Kalenderblättchen.

# Pflanzideen mit diesen Blütenschönheiten:

HORN-VEILCHEN

BALKAN-WINDRÖSCHEN

NARZISSE

KROKUS

MÄRZ-VEILCHEN

TAUSENDSCHÖN

TULPE

SCHACHBRETTBLUME

KUGEL-PRIMEL

ARMENISCHE TRAUBENHYAZINTHE

BECHER-PRIMEL

MILCHSTERN

HYAZINTHE

LORBEERSCHNEEBALL

# Einfach Kuschelig!

DIE SONNE LACHT, DIE VÖGEL ZWITSCHERN UND
ENDLICH GEHT'S WIEDER RAUS. AUCH FÜR DIE PFLANZEN.
KUSCHELIGER FILZ UND WOLLE HALTEN DIE PFLANZEN
WARM UND PUTZEN SIE DEKORATIV HERAUS.

Schrammelige Tontöpfe aussortieren?
Kommt gar nicht in Frage! Ein mit Wolle ver-
zierter Drahtkorb bietet ihnen samt Narzissen
und Hyazinthen die perfekte Kulisse.

Mit etwas handwerklichem Geschick entsteht aus Birkenzweigen und einem geweißten Brett eine tolle Bühne für Hyazinthen in Tontöpfen. Eierschalen, Zwiebel, Weidenkätzchen und Wolle sind zusätzliche Dekoelemente.

RECHTS: Raffinierte Dreierkombi. Vorne blühen blaue Traubenhyazinthen, hinten pinkfarbene Tulpen. Mit Wolle umwickelte Weidenzweige sorgen für Höhe, der Buchsbaum wird kuschelweich eingepackt.

UNTEN: Höhenstaffelung auf dem Terrassentisch. Die niedrigen Horn-Veilchen im kleinen Topf werden von Krokussen überragt. Locker geflochtene Wollfäden verbinden das strahlend weiße Duo.

OBEN: Pinkfarbene Kugel-Primeln, rot-weiße Tulpen und Tazetten recken sich sehnsüchtig der Sonne entgegen. Die schlichten Tontöpfe werden mit einer Ummantelung aus Filz, trockenen Ranken und flauschigen Federn verschönert.

Auf einer alten Obststiege arrangiert, erge-
ben Krokusse, Tulpen, Balkan-Windröschen,
Schachbrettblumen und Hyazinthen ein
zufällig wirkendes Pot(t)pourri.

REUS - DE LEET 91 - 1987

**LINKS:** Blaustern, Traubenhyazinthen, Hyazinthen, Tausendschön, Tulpen und Tazetten werden von einer gehäkelten Wollmanschette eingerahmt. Die niedrigen Blüher am Rand der Schale platzieren.

**UNTEN:** Richtig imposant wirken die abwechslungsreichen Blütenmischungen in hohen Kübeln. An Äste geknotete dicke Wollfäden baumeln spielerisch an den Gefäßen herab.

# Pflanzideen mit diesen Blütenschönheiten:

Tausendschön

Vergissmeinnicht

Horn-Veilchen

Tulpe

Narzisse

Horn-Veilchen

Horn-Veilchen

Narzisse

Tulpe

Traubenhyazinthe

Ranunkel

Tulpe

Tausendschön

Tausendschön

Traubenhyazinthe

# FRÜHLINGSERWACHEN

WENN DIE NATUR UNS WIEDER NACH DRAUSSEN LOCKT, DÜRFEN FRÖHLICH BUNTE BLÜHER AUCH NICHT FEHLEN. AUSSERDEM MIT DABEI: ACCESSOIRES MIT BESONDERER PATINA. SO ERWECKEN SIE IHRE LIEBLINGSPLÄTZE AUS DEM WINTERSCHLAF.

Am Morgen ist endlich wieder Vogelgezwitscher zu hören. Auch an den mit Stoff umwickelten Gefäßen von Tausendschön und Horn-Veilchen haben sich metallische Zaungäste versammelt, um den Lenz zu begrüßen.

LINKS: Cb allein oder in der Gruppe: Die blauen Traubenhyazinthen verbreiten gute Stimmung. Auf einem Tablett mit Enten ist das Trio mobil und kann stets an einem anderen Platz mit der Sonne um die Wette strahlen.

UNTEN: An Treppenabsätzen sind Schalen mit farbenfroher Monobepflanzung ein echter Hingucker. So bereiten Narzissen und Horn-Veilchen Ihrem Besuch stets ein liebevolles Willkommen.

Toller Ausblick! Vor dem Fenster erfreut ein kleiner Holzkasten mit strahlenden Narzissen, Vergissmeinnicht und Tulpen. Die fleißigen Gärtner im Miniformat scheinen sich bestens um die Blüher zu kümmern.

Wie wär's mit blühenden Hochbeeten mitten auf der grünen Wiese? In den Blütenoasen aus Tausendschön, Traubenhyazinthen, Mühlenbeckien, Narzissen und Tulpen hat sich eine geflügelte Gesellschaft eingefunden.

LINKS: Dekorativer Kontrast! In einer braunen Schale, die auf einem Nest aus Kornuszweigen steht, läutet ein leuchtend bunter Blütenmix die neue Jahreszeit ein. Federvieh aus Metall verbreitet ländliches Flair.

UNTEN: Die zweifarbigen Tulpen und blauen Vergissmeinnicht blitzen durch die Freiräume der Rostgefäße hindurch, die scherenschnittartige Umrisse wiedergeben.

Oft wird er als lästiges Unkraut aus dem Garten verbannt. In Form von Metallsteckern dient der Löwenzahn weißen Tausendschön als Kulisse und wird zum echten Schmuckstück im Kübel.

# DAS BLÜHT IM FRÜHLING:

**1. FRÜHLINGS-KROKUS** Er ist ein genügsamer Knollenblüher – und kein Zwiebelgewächs, und benötigt keine besondere Pflege. Möglichst Knollen im Oktober/ November in Gruppen 6–7 cm tief in die Erde setzen.

**2. BALKAN-WINDRÖSSCHEN** In Gruppen ein wahrer Hingucker. Dazu benötigt sie einen ruhigen, ungestörten Standort unter einem Baum oder Strauch. Von hier aus verbreitet sie sich durch unterirdische Rhizome und „verwildert" so auf angenehme Weise.

**3. TAUSENDSCHÖN** Das ausdauernde Gänseblümchen wird bis zu 20 cm hoch und erwächst einer Blattrosette. Zahlreiche Kulturformen besitzen stark gefüllte bis pompomförmige Blüten ir vielen Farben von Weiß bis Dunkelrot. Frost und Kälte mag es gar nicht, ggf. mit Reisig abdecken. Am sonnigen bis halbschattigen Standort brilliert es mit Blütenfülle. Ideal für Schalen und Kübel, aber auch zum Auspflanzen in Rabatten oder auf die Blumenwiese. Hier neigt es aufgrund von Selbstaussaat auch zum Verwildern.

2. BALKAN-WINDRÖSSCHEN / *ANEMONE BLANDA*

1. FRÜHLINGS-KROKUS / *CROCUS VERNUS*

3. TAUSENDSCHÖN / *BELLIS PERENNIS*

♡ 4. SCHACHBRETTBLUME / *FRITILLARIA MELEAGRIS*

♡ 5. VERGISSMEINNICHT / *MYOSOTIS SYLVATICA*

♡ 6. HYAZINTHE / *HYACINTHUS ORIENTALIS*

♡ 7. ARMENISCHE TRAUBENHYAZINTHE / *MUSCARI ARMENIACUM*

4. SCHACHBRETTBLUME  Sie liebt es feucht und nährstoffreich. Als Bewohnerin von Auenlandschaften gilt sie als gefährdete Art. Im Zimmer hell und ohne Zugluft platzieren, im Garten an ruhiger Stelle ausgepflanzt ist sie mehrjährig.

5. VERGISSMEINNICHT  Die Blume der Treue blüht in Blau, Weiß und Rosa. Drinnen nicht zu warm, liebt sie draußen Sonnenstandorte bei ausreichend Wassergaben und ist hier in der Regel zweijährig blühend.

6. HYAZINTHE  Ihr magischer Duft verspricht Frühling pur. Bereits aus der Zwiebel heraus kommt sie zum Blühen, dann sollte sie aber in Erde gepflanzt werden. Verblühtes nicht abschneiden, dann blüht sie im nächsten Jahr erneut.

7. ARMENISCHE TRAUBENHYAZINTHE  Einen angenehmen Duft und intensive Bläue brint sie in Schalen. Im Garten ausgepflanzt, breitet sie sich schnell und flächig aus.

**8. NARZISSE** Die klassische Osterglocke hat inzwischen viele Verwandte. Vorgetrieben ist sie ideal für Schalen, ausgepflanzt kann sie verwildern. Ihre lange Blühzeit, die kräftige Farbe und ihre Anspruchslosigkeit macht sie sehr beliebt, zumal sie auch als Schnittblume in der Vase ziert.

**9. MILCHSTERN** Diese Zwiebelblüherin liebt den Sommer und die Sonne. An trüben Tagen legt sie deshalb schon mal eine Pause ein. In der Schale wie im Freien in Rabatten ziert sie durch ihre stahlenden Sternenblüten.

9. MILCHSTERN / *ORNITHOGALUM UMBELLATUM*

10. RANUNKEL / *RANUNCULUS ASIATICUS*

8. NARZISSE / *NARCISSUS CULTIVAR*

11. KUGEL-PRIMEL

**10. RANUNKEL** Aus dem Orient stammend, erfreut sie sich in vielen Farben blühend großer Beliebtheit. Nur Frost setzt ihr zu, deshalb erst bei höheren Temperaturen im Frühling raussetzen. Verblühtes abschneiden, das stärkt den Neuaustrieb. Die Knollen überwintern draußen und treiben erneut durch.

**11. BECHER-PRIMEL** Sie bringt Farbe an Schattenstandorte und verträgt auch schon mal tiefe Temperaturen. Dafür macht ihr die warme Spätfrühlingssonne den Garaus. Verblühtes erst abschneiden, wenn es vertrocknet ist.

**12. LORBEERSCHNEEBALL** Seine duftenden Blüten machen ihn als Kleingehölz auch für die Schalenbepflanzung interessant. Nach dem Verblüher bilden sich schwarze Beeren, die ebenso z eren.

**13. HORN-VEILCHEN** Die kleine Variante des Stiefmütterchens reizt durch Farbvielfalt. Oft blüht es im Frühjahr und ein zweites Mal im Herbst und überrascht durch Selbstaussaat. Um dies zu verhindern, rechtzeitig Verblühtes abzupfen.

15. TULPE / *TULIPA CULTIVAR*

12. LORBEERSCHNEEBALL / *VIBURNUM TINUS*

14. MÄRZ-VEILCHEN / *VIOLA ODORATA*

13. HORN-VEILCHEN / *VIOLA CORNUTA*

**14. MÄRZ-VEILCHEN** Das wohlriechendste unter den Veilchen! Manchmal weiß, sonst purpuviolett blüht es im Jahr zweimal. Verbleibt es in Schalen, oder Töpfen, verdichtet es sich zunehmend über seine oderirdischen Ausläufer, bzw. verwildert beim Auspflanzen in den Garten.

**15. TULPE** Sie stammt aus Persien und ist die größte und variantenreichste Zwiebelblüherin mit unzählig vielen Fa ben, Größen und Formen. Vorgetrieben bereichert sie Topfpflanzengärten ebenso wie Rabatten, in die ihre Zwiebeln im September gesetzt werden.

# PFLANZIDEEN MIT DIESEN BLÜTENSCHÖNHEITEN:

BEGONIE

FÄCHERB.UME

STRAUCHMARGERITE

GLOCKENBLUME

HORTENSIE

DAHLIE

GERANIE

BLAUE KAPASTER

BEGONIE

HORTENSIE

EISENKRAUT

SCHLEIERKRAUT

JASMIN-NACHTSCHATTEN

DOPPELHÖRNCHEN

SCHOPF-LAVENDEL

MARGERITE

ELFENSPIEGEL

# Neuer Cottage-Style

Kombinieren Sie doch mal den angesagten Landhaus-Look mit moderner Geradlinigkeit! Mit Blühern in zarten Pastellfarben, Shabby-Accessoires sowie dezent-dekorativen Gefässen entsteht eine ganz neue, individuelle Interpretation.

Eine Art Tipi bildet das Grundgerüst für die kunterbunte Topf- und Blütensammlung. Hier fühlen sich Porzellanblümchen, Australisches Veilchen und Co. richtig wohl.

**LINKS:** Mit angestrichenen Ästen und farbigen Kordeln lassen sich tolle Hingucker kreieren. In ausreichender Länge können sie sogar als Wuchshilfe für Kletterpflanzen, wie die Schwarzäugige Susanne, fungieren.

**UNTEN:** Noch wirkt die Kombination aus Fächerblumen, Doppelhörnchen und Zauberschnee recht schlicht. Letzterer macht seinem Namen jedoch mit der Zeit alle Ehre: Buschig wachsend und in voller Blüte stehend, umspielt er bald seine Blumenpartner.

MAUERPFEFFER

LAKRITZ-STROHBLUME

SILBERREGEN

# EDEL IN GRÜN-GRAU

Besonders edle Kombinationen erzielen
Sie mit Pflanzen, die in schickem Grün-Grau
daher kommen, wie beispielsweise Mauerpfeffer (*Sedum spathulifolium*), Silberregen
(*Dichondra argentea*) oder Lakritz-Strohblume
(*Helichrysum petiolare*). Durch sie wirken
selbst knallige Blütenfarben sanfter.

Zu einem harmonischen Bild haben sich
Fetthenne, Geranien und Doppelhörnchen
zusammengefunden. Kurze, geweißte Ast-
stücke werden in einer Gruppe arrangiert
dazwischen platziert.

Für üppige Blühfreude in leuchtenden Farben
sorgen Marien-Glockenblumen und Begonien.
Schleierkraut verleiht der Mischung Volumen
und überragt die großen Blüten, die Lakritz-
Strohblume füllt die entstandenen Lücken und
rankt hinunter.

UNTEN: Wie auffällig Monobepflanzungen sein können, zeigt das Trio aus Schopf-Lavendel, Hortensien und Margeriten. Für das gewisse Etwas sorgen Manschetten aus mit Abtönfarbe geweißten Zweigen.

UNTEN RECHTS: Der Rebenkranz sorgt bei der Bepflanzung mit Hortensien, Fächerblumen und Silberregen einerseits für zusätzliche Höhe und verleiht ihr zudem einen gewissen Vintage-Charme.

# MULTI ODER MONO

Für diesen Stil werden verschiedene Blüher und Blattschmuckpflanzen kombiniert – aber nicht immer im gleichen Gefäß! Dabei wirkt entweder jede Pflanze für sich alleine oder in einem verspielten Blütenmix. Aufgelockert werden die Bepflanzungen durch natürliche Accessoires, wie Äste, Zweige oder Holzscheiben.

Als Kletterer eignet sich Jasmin-Nacht-schatten besonders für hohe Arrangements. Unterpflanzt wird die blühende Säule mit herrunterrankendem Gundermann. Dicke, geweißte Äste passen perfekt dazu.

UNTEN: Mit Gartenaccessoires, wie einer Rinden-kugel, entsteht der moderne Landhaus-Look. Dazu passen sowohl Mono- als auch Multi-bepflanzungen aus Eisenkraut, Elfenspiegel, Lakritz-Strohblume und Blauer Kapaster.

**LINKS:** Hier teilen sich Hängebegonien und Marien-Glockenblumen das Gefäß nicht mit anderen Blühern, sondern mit weiß angemalten Baumscheiben, die vorsichtig eingesetzt werden, ohne die Pflanzen zu beschädigen.

**RECHTS:** Hier haben sich die Dahlien wortwörtlich in die (Taub)Nesseln gesetzt. Dadurch entsteht ein attraktiver Mix aus leuchtenden Blüten und grünem Blattwerk, der mit Margeriten in einem eigenen Korbgefäß kombiniert wird.

# Pflanzideen mit diesen Blütenschönheiten:

PETUNIE

ELFENSPIEGEL

EISENKRAUT

KORALLENRAUTE

KAPMARGERITE

LÖWENMÄULCHEN

SCHNEEFLOCKENBLUME

ZAUBERSCHNEE

ZWEIZAHN

GERANIE

# GUTE-LAUNE-BLÜHERIN

Wie ein üppiger Funkenregen ergießen sich die blühenden Zweige des Hochstämmchens über weißen Petunien und rankendem Gundermann.

MIT IHREN ZAHLREICHEN BLÜTENGLOCKEN LÄUTET SIE DEN SOMMER EIN UND SORGT FÜR AUSGELASSENE STIMMUNG. DENN OB ALS STÄMMCHEN ODER STRAUCH – DIE AUS AUSTRALIEN STAMMENDE KORALLENRAUTE BEGEISTERT NICHT NUR DURCH IHRE FEURIGE LEUCHTKRAFT, SONDERN AUCH DURCH IHREN AROMATISCHEN, WOHLTUENDEN DUFT.

In der gemischten Bepflanzung sorgen strahlende Farben von Pink über Gelb bis Weiß für Sommerlaune auf der Terrasse. Als Unterpflanzung für die Stämmchen dienen Zweizahn, Zauberschnee und Schneeflockenblumen.

DER STRAUCH ENTHÄLT DUFTENDE ÄTHERISCHE ÖLE, DIE SOGAR IN DER PARFÜM-INDUSTRIE VERWENDUNG FINDEN.

**LINKS:** In leichten Körben können die mit Moos beziehungsweise Zauberschnee unterpflanzten Stämmchen schnell an ein schattiges und windgeschütztes Plätzchen gerückt werden. So trocknen die Wurzelballen nicht zu schnell aus.

**OBEN:** Kleinere Exemplare der Korallenraute lassen sich auch auf dem Terrassentisch in Szene setzen – zum Beispiel in einer flachen Schale zusammen mit Schneeflockenblumen und geweißten Aststücken.

Auch als Strauch lässt sich die Korallenraute gut mit anderen Blühern im Kübel kombinieren. Hier wird sie im Duo von Geranie, Gundermann, Verbene und Begonie begleitet.

## AUSGEWOGENE BEPFLANZUNG

Achten Sie darauf, dass die Bepflanzung von allen Seiten ausgewogen wirkt. Halten Sie sich dabei den Wuchs der ausgewachsenen Pflanze vor Augen, wenn Sie noch junge Exemplare im Gefäß platzieren. Überhängend wachsende Pflanzen werden am Rand, halbhohe, buschige mittig platziert.

# SHABBY-LOOK

Ob alte Holzkisten, Küchensiebe oder Emaille-Schüsseln: Schauen Sie doch mal in Ihrem Keller oder auf Ihrem Dachboden, was für Schätzchen sich dort noch verstecken. Manchma genügt dann ein weißer Anstrich und das Nachbearbeiten mit etwas Schleifpapier. Dieser ist schneller gemacht, als Sie denken, denn je gröber der Pinselstrich, desto charmanter das Ergebnis.

OBEN: Üppig gefüllt verbreiten Zweizahn, Korallen- raute, Kapmargeriten und Geranien fröhliche Stimmung. Als Kübel dient eine Kiste, im ange- sagten Vintage-Style.

LINKS: An der Hauswand macht die Korallenraute zusammen mit Windlichtern und Kapmargeriten in kleinen Vasen eine gute Figur. Aufgrund ihrer Blühfreude ist sie in ihrer Heimat Australien auch als Schnittblume beliebt.

# Pflanzideen mit diesen Blütenschönheiten:

Schopf-Lavendel

Purpur-Fetthenne

Dahlie

Wandelröschen

Margerite

Dahlie

Dahlie

Eisenkraut

Scheinsonnenhut

Zweizahn

Petunie

Pracht-Kerze

Wandelröschen

# INSEKTENGARTEN

ATTRAKTIV UND SINNVOLL ZUGLEICH: VIELE BLÜHER SETZEN NICHT NUR TOLLE AKZENTE AUF BALKON UND TERRASSE, SONDERN SIND AUCH WICHTIGE NAHRUNGSQUELLEN FÜR BIENEN, HUMMELN UND SCHMETTERLINGE.

Die Verbenen sind bei Schmetterlingen sehr beliebt. Ihre mehrwöchige Blühdauer macht sie zu attraktiven Sommerblühern.

**LINKS:** Scheinsonnenhut, Margeriten und Thymian werden in einer alten Obstkiste ansprechend präsentiert. Im Stroh verkriechen sich zudem gerne Insekten.

**UNTEN:** Zusätzlich zu Lavendel und Margeriten können sich Schmetterlinge auch an den mit Zuckerwasser gefüllten Fläschchen samt Wolldochten stärken.

## DAMIT LOCKEN SIE:

### SCHMETTERLINGE

Durch ihren langen Rüssel gelangen die Falter auch an den Nektar tiefer Blütenkelche. Besonders mögen sie folgende Pflanzen: Lavendel, Margeriten, Minze, Oregano, Petunien, Phlox, Salbei, Scheinsonnenhut, Sonnenhut, Verbenen, Wandelröschen.

### BIENEN UND HUMMELN

Bienen und Hummeln lieben Blüten mit offener Mitte, bei denen Nektar und Pollen leicht erreichbar sind. Geeignete Futterpflanzen sind zum Beispiel: Dahlien, Fächerblumen, Fetthenne, Lavendel, Männertreu, Margeriten, Minze, Oregano, Prachtkerze, Salbei, Scheinsonnenhut, Sonnenhut, Thymian, Vanilleblumen, Zweizahn.

Scheinsonnenhut und Lavendel in ländlichen Körben werden von Thymian ergänzt, der nicht nur in unserer Küche Verwendung findet. Sobald er blüht, stellt er auch eine reiche Nektarquelle dar.

LINKS: Die mehrfarbige Dahlie und der Zweizahn sind nicht nur schön anzusehen, sondern dienen auch als Nahrungsquelle für Hummeln, Bienen und viele andere Insekten.

UNTEN: Sowohl Eisenkraut als auch leuchtende Wandelröschen bieten für Schmetterlinge besondere Verlockungen. Ebenso der Nachtunterschlupf aus Sperrholz.

Aufgrund ihrer tiefen Blütenkelche werden Prachtkerze und
Petunie oft von Schmetterlingen
angeflogen. Der Scheinsonnenhut
macht das Trio komplett.

Zwischen sattgrüner Fetthenne und Hebe sorgen zartgelbe Dahlien und violetter Lavendel für Farbe. In der Schicht aus morschen Holzstücken am Boden der Kiste können Wildbienen nisten oder überwintern.

Fa. J. HOPMAN & Zn. - 1992

Lavendel und Dahlien sind
tolle Futterpflanzen. Bei
Letzteren auf ungefüllte
Sorten zurückgreifen,
so gelangen die Tiere
einfacher an den Nektar.

# Pflanzideen mit diesen Blütenschönheiten:

PETUNIE

SCHWARZÄUGIGE SUSANNE

VANILLEBLUME

STRAUCHMARGERITE

GARTEN-CHRYSANTHEME

SCHNAPPMÄULCHEN

ELFENSPIEGEL

ZAUBERGLÖCKCHEN

STUDENTENBLUME

PETUNIE

WALDREBE

# KONTRASTREICH

WENN DIE SONNE AM HIMMEL LACHT, VERSTÄRKEN LEUCHTEND GELBE BLÜHER IN TÖPFEN UND KÜBELN IHR STRAHLEN NOCH. IM ZUSAMMENSPIEL MIT BLÜTEN UND BLATTSCHMUCKPFLANZEN IN EDLEM AUBERGINE UND VIOLETT ENTSTEHEN SPANNENDE KONTRASTE AUF DER TERRASSE.

In den Töpfen wachsen Chrysanthemen, Süßkartoffel, Nemesien, Kapmargeriten und Waldrebe, welche attraktiv am eingesteckten Holzgitter emporklettert.

**LINKS:** Wahre Sonnenanbeter sind die blüh-
freudigen Zauberglöckchen hinten sowie
zierliches Strand-Silberkraut vorne. Die Erde
in den Keramikschalen wird durch schlichte
Steine verdeckt.

**UNTEN:** Eingerahmt von sonnengelben
Kapmargeriten und Husarenknopf kommen
die dunklen Petunien besonders gut zur
Geltung. Alle drei vertragen volle Sonne
bis Halbschatten.

Im dezenten Gefäß zeigt sich die ganze Fülle
des Sommers von prächtigem Indischem Blumenrohr bis zu Zweizahn. Die Monobepflanzung im
Vordergrund bildet einen optischen Ruhepol.

Nicht nur die weiß geränderten Petunien zeigen sich in zwei Tönen, sondern auch der moderne Keramikkübel. Überragt werden sie von strahlendem Jasmin-Nachtschatten im ländlichen Flechtkorb.

**RECHTS:** Die Vanilleblume versprüht nicht nur einen angenehmen Duft, sondern setzt auch violette Farbtupfer. Dazu gesellt sich eine zart-gelbe Hängebegonie.

**UNTEN:** Auch auf dem Terrassentisch kommt die Farbkombi mit Schnappmäulchen, Sauerklee und Studentenblumen groß raus.

**LINKS:** Während rankende Nemesien, Zauberglöckchen und Zwergkalmus am Rand der Pflanzschale platziert werden, blühen höhere Strauchmargeriten und Akelei wirkungsvoll in der Mitte.

**UNTEN:** Das kontrastreiche Farbthema wird im hängenden Gitterkörbchen durch gefädelte Stoffbänder wieder aufgegriffen. Innen sorgt Folie dafür, dass die Hängebegonie gut mit Wasser versorgt werden kann, ohne dass was ausläuft.

**LINKS:** Zu kletternder Schwarzäugiger Susanne und flachwüchsigen Strauchmargeriten wird ein Korb hübsch gefärbter Sauerklee kombiniert.

**OBEN:** Damit sie dem zweifarbigen Mix nicht die Schau stiehlt, kommt die Bepflanzung aus gefüllten Studentenblumen und Husarenknopf in einer niedrigeren Schale daher.

# Pflanzideen mit diesen Blütenschönheiten:

GERANIE

GLOCKENBLUME

FUCHSIE

LUPINE

EISBEGONIE

DAHLIE

KOSMEE

KOSMEE

LÖWENMÄULCHEN

EISENKRAUT

ELFENSPORN

MÄNNERTREU

KOSMEE

GERANIE

LÖWENMÄULCHEN

MÄNNERTREU

MARGERITE

# ICe ICe BABY

BEIM RELAXEN AUF DER TERRASSE BRINGEN UNS BLÜHER IN SOFTEN EISCREMEFARBEN UND SANFTEN SORBETTÖNEN JETZT ZUM SCHMELZEN UND VERSÜSSEN UNS SO GARANTIERT DEN SOMMER!

Nicht nur die rundlichen Blütenstände der Pelargonien, vor allem auch die bunten, mit Schnur umwickelten und auf Holzstäbe gespießten Styroporbälle erinnern an köstliche Eiskugeln.

Die dezenten Kübel erinnern durch ihre Form an Eishörnchen und bringen den zartbunten Mix aus Strauchmargeriten, Fuchsien, Männertreu, Schmuckkörbchen, Lupinen und Löwenmaul perfekt zur Geltung.

Während sich Verbenen und Männertreu zurückhaltend geben, setzen die an fruchtiges Kirschsorbet erinnernden Schmuckkörbchen leuchtende Farbakzente auf dem Tisch. Im Hintergrund blühen ebenfalls Schmuckkörbchen sowie Strauchmargeriten.

**LINKS:** Passend zum Namen der Eisbegonien, stehen die Töpfe in frisch leuchtenden Schalen. Diese setzen Farbakzente und bieten gleichzeitig Platz für schwimmende Kerzen und Begonienblüten.

**UNTEN:** Treppchenartig arrangierte Pelargonien, Löwenmaul und Schmuckkörbchen sorgen auf der Terrasse für attraktive Ausblicke und lassen sich dank Tablett schnell an ein anderes Plätzchen rücken.

Wie Sahnehäubchen wirken die
grazilen Glockenblumen im vorderen
Topf. Dazu wird Elfensporn in
Erdbeerrosa kombiniert – ein wahrer
Augenschmaus! Eine selbst gemachte
Papiergirlande, die einfach einge-
steckt wird, verbindet die Blüher.

# Pflanzideen mit diesen Blütenschönheiten:

Gold- und Silber-Chrysantheme

Astilbe

Schleierkraut

Grossblütige Ballonblume

Rittersporn

Rispen-Hortensie

Garten-Hortensie

Purpur-Fetthenne

Salbei

Scheinsonnenhut

# Outdoor Lounging

Wer nach Entspannung unter freiem Himmel sucht, muss nicht gleich verreisen. Denn mit beruhigenden Pflanzkombinationen in dezenten Weiss- und Grüntönen und entsprechenden Accessoires schaffen sie sich jetzt ihre eigene, exklusive Wohlfühloase auf der Terrasse oder dem Balkon.

Das sommerliche Duo bietet wohltuende Ausblicke auf der Terrasse. Im vorderen Kübel blühen weiße Hortensien, hinten wachsen Fetthenne, Scheinsonnenhut, Oregano, rankende Mühlenbeckie und hohes Honiggras.

# BIS ZUM NÄCHSTEN JAHR

Stauden blühen auch im kommenden Jahr wieder. Sie ziehen sich im Herbst zurück, manche benötigen Winterschutz, treiben im nächsten Frühjahr dann von Neuem durch und erfreuen mit herrlichen Blüten. Bleiben Gefäße im Freien, sollten sie im Winter mit Sackleinen umwickelt werden, damit die Wurzeln nicht einfrieren.

Glanzvoller Auftritt für üppige Rispen-Hortensien und aufragendes Chinaschilf im Hintergrund. Eine rustikale Wurzel blitzt als innovativer Blickfang zwischen den Blüten hervor.

OBEN: Zu den auffälligen weißen Blüten der Ballonblume sind die kleinen gelblichen Knospen der Gold- und Silber-Chrysantheme ein schönes Pendant. Trockene Waldrebenranken rahmen die Pflanzen ein.

RECHTS: Perfekte Harmonie. Im silberglänzenden Gefäß kommt der gleichzeitig buschig wachsende als auch herunterrankende Pflanzenmix in Weiß und Grün besonders gut zur Geltung.

**LINKS:** Zum schicken Lounge-Look passen die opulenten Blütentrauben des Rittersporns, der von Fetthenne im kleinen Topf sowie einem edlen Windlicht begleitet wird.

**UNTEN:** Blühender Höhepunkt. Im eleganten Kübel ziehen prächtige Dahlien alle Blicke auf sich. Ein trockener Rebenkranz umwindet die weiß-grüne Pflanzmischung.

UNTEN: Beim Entspannen in der Outdoor-Lounge bildet das grüne Arrangement aus weißblühendem Salbei, Blauschwingel und Silberwurz einen optischen Ruhepol auf dem Tisch.

OBEN: Fackeln lassen sich einfach in die Bepflanzungen aus Hortensien, Schleierkraut und Zwerg-Segge einstecken und sorgen so am Abend für gemütliche Stimmung. Verzweigte Äste vervollständigen das Bild.

# Pflanzideen mit diesen Blütenschönheiten:

TROMPETENZUNGE

ZAUBERGLÖCKCHEN

SALBEI

INDISCHES BLUMENROHR

STORCHENSCHNABEL

STIFTBLUME

BLUT-WEIDERICH

HAARSCHÖPFCHEN

BARTFADEN

SALBEI

BRASILJASMIN

SPINNENPFLANZE

WALD-HORTENSIE

# Exotik in der Stadt

DEN BEGRIFF „GROSSSTADTDSCHUNGEL"
NEHMEN WIR IN DIESEM SOMMER WÖRTLICH
UND HOLEN UNS MIT FARNEN, BLÄTTERN UND
GRÄSERN SOWIE PRACHTVOLLEN BLÜTEN DAS
FLAIR DER TROPEN DIREKT AUF DIE
EIGENE DACHTERRASSE.

Für die grüne Oase mitten in der City
werden unterschiedlich bepflanzte Kübel,
Kästen und Ampeln mit rustikalen Möbeln
und Accessoires kombiniert.

**LINKS:** Mit in unterschiedlichen Farben gestrichenen Baumscheiben kommt die Lebensfreude des Regenwaldes auf den Balkontisch. Sie dienen als Untersetzer für geringelte Stiftblumen in modernen Kunststofftöpfen mit Docht-Bewässerungssystem.

**UNTEN:** Blut-Weiderich vorne und Salbei hinten bringen zusammen mit rustikalen Ästen Höhe in die Bepflanzungen und rahmen das grüne Kaukasusvergissmeinnicht wirkungsvoll ein. Am Rand der äußeren Gefäße wächst Storchschnabel.

Zu tropischem Streifen- und Schildfarn passt die Mischung aus auffälliger Trompetenzunge, Westindischem Blumenrohr und Lakritz-Strohblume. Trockene Ranken verleihen eine leicht rustikale Note.

# SCHMUCKES BLATTWERK

Ob von Grün bis Grau, von Weinrot bis Bordeaux oder von Violett bis Schwarz – Blattpflanzen sind, gerade aus der Nähe betrachtet, echte Schönheiten. Sie variieren nicht nur in ihrer Zeichnung sondern auch in Größe und Form. Besonders auffällige Exemplare wirken im Zusammenspiel mit außergewöhnlichen Blüten exotisch und bringen ein gewisses Urlaubs-Feeling in ihre Outdoor-Oase.

FUNKIE

ELFENBLUME

DORNIGER SCHILDFARN

KAUKASUSVERGISSMEINNICHT

STREIFENFARN

WESTINDISCHES BLUMENROHR

DREIMASTERBLUME

ECHTER WURMFARN

FUNKIE

FUNKIE

LINKS: Integrierte Äste, die mit Draht gebündelt werden, dienen der leuchtenden Mandevilla im runden Gefäß nicht nur als Rankhilfe, sondern holen den Dschungel auch mitten auf die Dachterrasse!

UNTEN: Üppig wie in den Tropen sprießen rankende Mühlenbeckien, Dreimasterblume, Pfennigkraut, Schwertfarn und Zauberglöckchen in den Kunststoffampeln über dem Geländer.

An Lianen erinnern grobe Kordeln, die einfach locker um die Töpfe mit blühfreudigem Haarschöpfchen und Pfeifengras geschlungen werden.

Wurmfarn bietet in den hohen Kübeln zusammen mit knorrigen Baumwurzeln eine dem Motto entsprechende Unterpflanzung für Wald-Hortensien und Salbei.

**LINKS:** Prachtvoll präsentieren sich Westindisches Blumenrohr, Begonien und Spinnenpflanze im vorderen Kübel. Zurückhaltender wirkt dazu eine weißgeränderte Funkie im niedrigeren Gefäß.

**UNTEN:** Grüne Vielfalt zeigen Eichenblättrige Hortensien, Saumfarn und Segge im praktischen Gefäß mit Erd-Bewässerungs-Set sowie von Ästen umspielte Verbenen im kleinen Topf.

# Pflanzideen mit diesen Blütenschönheiten:

OLIVE

WEISSER LAVENDEL

BASILIKUM

BASILIKUM

BOUGAINVILLEE

ROSMARIN

KUMQUATS

THYMIAN

SCHOPF-LAVENDEL

# MIT WÜRZE!

BEI DER GESTALTUNG DES EIGENEN OUTDOOR-
PARADIESES IM MEDITERRANEN STIL DARF
DUFTENDER LAVENDEL AUF KEINEN FALL FEHLEN.
WÜRZIGE KRÄUTER UND ATTRAKTIVE BLÜHER IN
PASSENDEN GEFÄSSEN RUNDEN DEN LOOK AB.

Zum weiß blühenden Echten Lavendel passt die
weiß-graue Shabby-Optik des großen Korbes.
Das dunkellaubigere Strauchbasilikum und der
hellgrün leuchtende Majoran bilden ein harmo-
nisches Duo in Keramikkübeln in erdigen Farbtönen.

**LINKS:** In den modernen Gefäßen machen Lavendel und Majoran eine gute Figur. Dazu passen Windlichter, die den Außenbereich am Abend in ein stimmungsvolles Licht tauchen.

**UNTEN:** Ob als Mono- oder Mixbepflanzung: Die Kombination aus Korb, strukturierten Gefäßen, Kräutern und Schwemmholz wirkt besonders rustikal.

# LAVENDEL

Mit seinen traumschönen Blütenrispen und seinem verführerischen Duft verbreitet Lavendel, botanisch *lavandula*, mediterranen Charme auf Balkon, Terrasse und im Garten. Meist kennt man ihn mit Blüten in sinnlichen Violetttönen, doch er weist eine erstaunliche Farbvielfalt auf. Außer in Lila blühen diese mal in leuchtendem Pink, dunklem Blau oder weiß-silbrig. Beim Schopf-Lavendel (*Lavandula stoechas*), kann der ährenförmige Blütenstand sogar andersfarbig als die ihn krönenden Hochblätter ausfallen. Auch seine Form ist eine tolle Abwechslung zum Echten Lavendel (*lavandula angustifolia*), der keinen Schopf besitzt. Allen Arten und Sorten ist aber neben dem betörenden Duft noch eines gemeinsam: ihre Pflegeleichtigkeit. Der Zierstrauch benötigt einen sonnigen und windgeschützten Platz. Zuviel Nässe verträgt Lavendel nicht, deshalb sollte nur gegossen werden, wenn die Erde trocken ist. Da die Pflanzen nährstoffarme Böden bevorzugen, sollten sie eher selten gedüngt werden. Ein regelmäßiger Rückschnitt kurz vor dem Austrieb sowie direkt nach der Blüte fördert den kompakten Wuchs.

Wenn er seine Blüten öffnet, zeigt sich der Französische Lavendel in strahlendem Weiß, statt wie sonst in Violett. Dazu passen die organisch geformten und wie von Hand gefertigt wirkenden Keramikgefäße mit glänzender Teilglasur.

Raffinierte Gegensätze: Das Violett des niedrigen, kompakten Schopf-Lavendels bildet einen reizvollen Kontrast zum orange leuchtenden, hochstämmigen Kumquatbäumchen.

**LINKS:** Zusammen mit Lavendel sorgt auch die Dauerblüherin Bougainvillie für südländisches Ambiente auf der Terrasse. In zweifarbigen Gefäßen und einem rustikalen Korb kommen sie gut zur Geltung.

**UNTEN:** Gebündelt oder einzeln vertikal in die Erde gesteckte Schwemmhölzer setzen spannende Akzente in Lavendel, Rosmarin & Co.

# Pflanzideen mit diesen Blütenschönheiten:

DAHLIE

PURPUR-FETTHENNE

KOSMEE

PRACHTSPIERE

DIGIPLEXIS

KAISERNELKE

STROHBLUME

PRACHTKERZE

WALDREBE

DAHLIE

KAPMARGERITE

ELFENSPIEGEL

SALBEI

DAHLIE

ZWEIZAHN

STACHELNÜSSCHEN

KAPMARGERITE

PETUNIE

# Moderner Landhaus-Chic

WER SEINEM MODERNEN GARTEN EINEN HAUCH LÄNDLICHEN CHARME VERLEIHEN MÖCHTE, FÜR DEN SIND METALLGEFÄSSE UND -ACCESSOIRES MIT NATÜRLICHER PATINA SOWIE BLÜTEN IN STRAHLENDEN FARBEN VON GELB ÜBER ORANGE BIS ROT GENAU DAS RICHTIGE.

Auch einem Steingarten lässt sich durch einen geschickt arrangierten Mix aus Gewächsen und dem Einsatz von Gefäßen mit natürlicher Patina rustikaler Charme einhauchen.

Ein spannendes Zusammenspiel für den modernen Landhaus-Look entsteht, wenn leuchtende Blüher um einen jungen Fächer-Ahorn ergänzt und in eine Schale mit besonderer Oberfläche gesetzt werden.

DER STRAUCHÄHNLICH WACHSENDE ZWERGBAUM KANN SPÄTER IN DEN GARTEN UMGEPFLANZT WERDEN

Hauptsache farbenfroh! Neben roten und
gelben Blühern finden auch Gräser in
unterschiedlichen Farben im Kübel Platz
und setzen so spannende Kontraste zur
einheitlichen Gefäßoberfläche.

Neben Digiplexis, Garten-Astilben und Seggen, die sich gen Himmel recken, ist in den wannenähnlichen Gefäßen zudem ausreichend Platz für niedrige Blüher und rustikale Pflanzenstecker.

Üppig bestückte Kübel, die wortwörtlich auf
eigenen Füßen stehen, säumen den Wegesrand.
Garten-Zinnien und Co. rahmen Japanisches
Blutgras und Prachtkerze ein, die, mittig platziert, zusätzlich Höhe verleihen.

# Leuchtender Schattenbalkon mit diesen Blütenschönheiten:

Korallen-Fuchsie

Begonie

Begonie

Begonie

Fleissiges Lieschen

Begonie

Begonie

# BLÜTENREICHE REFUGIEN

DIE AUSRICHTUNG DES BALKONS BEEINFLUSST DIE WAHL DER GEWÄCHSE. MIT DEN FOLGENDEN PFLANZMISCHUNGEN FÜR SONNE, SCHATTEN UND HALBSCHATTEN IN DREI MODERNEN FARBSZENERIEN SIND SIE BESTENS GERÜSTET!

Begonien entfalten im Schatten ihre ganze Pracht. Werden sie in den Balkonkasten gepflanzt, empfiehlt sich eine Dränage aus Blähton oder Kies. Dazu lassen sich sehr gut die kleineren, reich blühenden Fleißigen Lieschen oder Fuchsien kombinieren. Zu den Blüten in leuchtenden Pink- und Rosétönen passen kleinblättrige Grünpflanzen, wie rankende Lakritz-Strohblumen, besonders gut.

# Goldener Sonnenbalkon mit diesen Blütenschönheiten:

HUSARENKNOPF

MÄDCHENAUGE

DAHLIE

KAPMARGERITE

ZAUBERSCHNEE

KOSMEE

MÄDCHENAUGE

STUDENTENBLUME

ZAUBERGLÖCKCHEN

ZWEIZAHN

## LIEBLICH UND HARMONISCH?

Setzen Sie auf sanfte Farben wie Weiß und Gelb sowie durchweg rundliche Blüten. So dominiert nichts und alles passt zueinander!

# Frischer Halbschattenbalkon mit diesen Blütenschönheiten:

Vanilleblume

Salbei

Blaues Gänseblümchen

Blauviolette Fächerblume

Salbei

Eisenkraut

GeflecKte Taubnessel

Schneeflockenblume

Doppelhörnchen

Für einen Ost- oder Westbalkon mit Morgen- bzw. Abendsonne sind Pflanzen, die auch mit etwas weniger Licht und Wärme auskommen, ideal. Eine frische Optik entsteht durch Exemplare in dezenten Violett- und Blautönen. Auch die Wuchsform ist wichtig. Kombinieren Sie höhere Blüher, wie Mehligen Salbei, Fächerblumen und Eisenkraut, mit rankenden Gewächsen, wie Schneeflocken-blumen, Blauen Gänseblümchen und Doppel-hörnchen. Sattes Grün vervollständigt den Look und wird zum Beispiel durch die attraktiv gezeich-neten Blätter der Gefleckten Taubnessel, fließen-den Silberregen oder zierliche Lakritz-Strohblumen ins Spiel gebracht.

# Pflanzideen mit diesen Blütenschönheiten:

GERANIE

PORTULAK

PRACHTKERZE

STROHBLUME

LAVENDEL

GERANIE

STROHBLUME

ZAUBERSCHNEE

MANDEVILLA

PORTULAK

STROHBLUME

# WEEKEND-BALKON

VIELE STÄDTER KENNEN ES: IN DER WOCHE BLEIBT WENIG ZEIT, SICH UM SEIN GRÜNES REICH AUF DEM BALKON ZU KÜMMERN. WER DENNOCH AM WOCHENENDE EINEN BLÜTENREICHEN AUSBLICK GENIESSEN MÖCHTE, GREIFT JETZT ZU PFLEGELEICHTEN PFLANZEN, DIE AUCH OPTISCH ÜBERZEUGEN.

Eine Vielzahl an bepflanzten Töpfen und Kübeln bringt Leben in jedes Outdoor-Paradies. Die Farbwahl von roten Blühern und gleichfarbigen sowie blauen Gefäßen sorgt für angenehme Frische.

LINKS: Einen tollen Gegensatz zum blauen Balkonkasten bilden Strohblumen, Mandevilla, dunkles Gras und Thymian.

UNTEN: Auf dem Tisch sehen Oregano und Rosmarin in kleinen Töpfen hübsch aus und laden zum Naschen ein.

**LINKS:** Die leuchtende Geranie kommt als Monobepflanzung groß raus. Daneben wächst eine wilde Mischung aus Strohblumen, Lavendel, Currykraut und Segge. Im niedrigen Kübel wurden die Dickblattgewächse Portulak und Mauerpfeffer kombiniert.

**OBEN:** Pflegeleicht heißt nicht gleich farblos – das beweisen die üppig blühende Geranie und das Japanische Blutgras mit seinen rötlichen Spitzen. Betont werden diese zusätzlich ncch mit Gefäßen im gleichen Farbton.

Beide in Weiß, aber in reizvollem Kontrast zueinander, stehen die winzigen Blüten des Zauberschnees und die größeren Blütentuffs der Geranien.

## GRÄSER UND BLÄTTER SCHAFFEN STRUKTUREN

THYMIAN /
*THYMUS VULGARIS COMPACTUS*

OREGANO /
*ORIGANUM COMPACTUM*

MAUERPFEFFER /
*SEDUM TETRACTINUM*

JAPANISCHES BLUTGRAS /
*IMPERATA CYLINDRICA*

Blätter, Gräser und Kräuter werden häufig unterschätzt. Dabei bieten sie eine wahre Vielfalt an Farbe, Struktur und Form. Grün oder Rot, hell oder dunkel, marmorierte, glänzende oder filzige Oberflächen lassen keine Wünsche offen. Vorallem in Kombination mit Blühern entfalten Blattschmuckpflanzen und Gräser ihren natürlichen Charme und verleihen eine attraktive Note.

Wer nur wenig Platz hat, holt sich einfach mit vertikalen Gärten frisches Grün auf den Balkon. Hier werden Japan-Segge und Thymian durch die kleinen weißen Blüten von Zauberschnee und Portulak ergänzt.

# KORBBLÜTLER

Wie tausende kleine Sonnen lachen die rundlichen Gesichter der Korbblütler dem Betrachter entgegen. Kein Wunder, dass diese Pflanzen im besonderen Maße Optimismus und Lebensfreude ausstrahlen. Trotz ihrer unterschiedlichen Farbnuancen von Gelb über Orange bis Rot passen sie untereinander wunderbar zusammen.

LINKS: Die Kombination aus Grün und Weiß sorgt für Frische, wirkt aber dennoch dezent, cool und unaufdringlich.

OBEN: Der flachwüchsige Mauerpfeffer eignet sich mit seinen attraktiven, wasserspeichernden Blättern auch schön für Tischdekorationen.

Auch auf einem sonnigen Südbalkon kann es ausdauernd blühen, dafür brauchen Sie nur die richtigen Pflanzen und wasserspeichernde Gefäße. Niedrig wachsender Portulak und Nizza-Mauerpfeffer werden hinten wirkungsvoll von Prachtkerzen, Strohblumen, Geranien und Gartensandrohr überragt.

# DAS BLÜHT IM SOMMER

**1. LÖWENMÄULCHEN** Anspruchslos und pflegeleicht ist es, bunt und vielgestaltig. Im Kasten, Topf oder Garten ist die dankbare Blüherin mit ihren ungewöhnlichen Blüten der Star. Einjährig lässt sie sich unproblematisch überall mit einsetzen. Mit etwas Glück entstehen Samen, die manchmal wieder zur Blüte gebracht werden können.

**2. MARGERITE** Die halbstrauchig wachsende Klassikerin braucht sonnige Standorte, darf allerdings nie austrocknen. Bei regelmäßigen Wasser- und Düngergaben erfreut die mehrjährige und verholzende Pflanze mit zahlreichen weißen Sternblüten. Wird sie von klein auf entsprechend beschnitten, kann sie zu einem über einen Meter hohen Bäumchen heranwachsen.

**2. MARGERITE /**
*AGYRANTHEMUM FRUTESCENS*

**3. ZWEIZAHN /**
*BIDENS FERULIFOLIA*

**1. LÖWENMÄULCHEN /** *ANTIRRHINUM MAJUS*

**4. DOPPELHÖRNCHEN /**
*DIASCIA CULTIVAR*

**3. ZWEIZAHN** Die ideal für Ampeln geeignete Pflanze mit den Sternenblüten liebt regelmäßige Wasser- und Düngergaben. Sie sollte nie austrocknen, dann erfreut sie mit einem prächtigen Blütenschleier. Staunässe ist jedoch unbedingt zu vermeiden. Nach einem Rückschnitt kann sie manchmal sogar überwintert werden.

**4. DOPPELHÖRNCHEN** Ihre zarten und reichlich vorhandenen Blüten erinnern an kleine Elfenschuhe. Die buschig überhängend wachsende Sommerblüherin in pastelligen Farben liebt sonnige bis halbschattige Plätze, ist ansonsten anspruchslos, wetterfest und bedingt winterhart. Allerdings verträgt sie keine Staunässe.

**5. KORALLENRAUTE / BORONIA HETEROPHYLLA**

**6. PRACHTSPIERE / ASTILBE X ARENDSII**

**7. BEGONIE / BEGONIA CULTIVAR (SEMPERFLORENS)**

**8. BOUGAINVILLEE / BOUGAINVILLEA GLABRA**

**5. KORALLENRAUTE** Der australische Strauch fühlt sich im Halbschatten bis Schatten am wohlsten. Aufgrund der vielen Blüten und Blätter hat er einen recht hohen Wasserbedarf. Da die Kübelpflanze nur geringe Fröste verträgt, überwintert sie am besten an einem hellen Standort bei Temperaturen zwischen fünf und zehn Grad.

**6. PRACHTSPIERE** Mit ihren üppigen Blütenrispen bringt die Prachtspiere Farbe auch an Schattenplätze. Die robuste Staude liebt feuchte, nährstoffreiche und lehmige Böden.

**7. BEGONIE** Einfachblühend und mit kleineren Blüten und Laub im Vergleich zur großen Schwester, der Knollenbegonie, wächst die Blütenbegonie. Ihr kompakter Wuchs mit kleinen, dunkellaubigen Blättern schmückt Schattenplätze.

**8. BOUGAINVILLEE** Der aus den Tropen stammende Kletterstrauch in Farben von Weiß, Gelb, Pink bis Blutrot mag es hell bis vollsonnig doch nie trocken. Die mehrjährige Pflanze bei Trockenheit überwintern lassen, um dann wieder im Frühling bei Wassergaben auszutreiben.

**9. WALDREBE** Einige Züchtungen haben das Klettergewächs zu einem gern gesehenen Gast auf Balkon und Terrasse gemacht. Eine leichte Rankhilfe in Form eines Stabes oder Gerüsts sollte man der Pflanze gönnen. Dann entfaltet die Waldrebe ihre Blütensterne auf bezaubernde Weise.

**10. BLAUES GÄNSEBLÜMCHEN** Der dankbare und gut blühende Korbblütler mit gefiedertem Laub ist eine Bereicherung im Sommerkübel. Volle Sonne und Wärme bei gleichzeitig guter Bewässerung und durchlässigem Substrat tuen ihm gut. Bei Trockenphasen oder stauender Nässe wird er sonst schnell zum Sorgenkind.

**10.    BLAUES GÄNSEBLÜMCHEN /**
***BRACHYSCOME MULTIFIDA***

**11.    GLOCKENBLUME /**
***CAMPANULA CAPRESE***

**9. WALDREBE / *CLEMATIS CULTIVAR***

**12. ELFENSPIEGEL /**
***NEMESIA CULTIVAR***

**11. GLOCKENBLUME** Die Glockenblume ist vor allem wegen ihrer attraktiven, glockenförmigen Blüten und ihrer Pflegeleichtigkeit beliebt. Sie wird häufig in Kübeln, Beeten und Steingärten gepflanzt.

**12. ELFENSPIEGEL** Die überhängend wachsende und unermüdlich in vielen Farben blühende Sommerpflanze erfreut zudem durch ihren Duft. Sie wird deshalb auch Sommerveilchen genannt. Sie eignet sich als ideale Unterpflanzung. Gute Düngung und regelmäßiges Wässern vorausgesetzt, blüht sie bis zum Frost.

**12. ZAUBERGLÖCKCHEN** Sie sind die kleinen Verwand'ten der großen Petunien. Als Neuzüchtungen der letzten Jahre begeistern sie durch ihre mit zahlreichen Glockenblüten besetzten Triebe, die nahezu einen ganzen Sommer lang für Blühfreude sorgen. Sie stammen aus Südamerika, was ihre Vorliebe für gleichmäßige Feuchte, regelmäßige Düngergabe und viel Sonnenlicht erklärt.

**13. SCHEINSONNENHUT** Neben dem klassischen Sonnenhut in Dunkelrosé findet man ihn auch in Purpur, Hellrosa oder Weiß. Ein Rückschnitt nach der Blüte spornt zur Zweitblüte an. Er gilt als Heilpflanze, da Arzneimittel aus seinen Inhaltsstoffen gegen Erkältung eingesetzt werden. Er ist bemerkenswert anpassungsfähig und dekorativ obendrein.

**15. ZAUBERSCHNEE / EUPHORBIA HYPERICIFOLIA**

**12. ZAUBERGLÖCKCHEN / CALIBRACHOA CULTIVAR**

**13. SCHEINSONNENHUT / ECHINACEA PURPUREA**

**14. DIGIPLEXIS/ DIGIPLEXIS 'APRICOT'**

**14. DIGIPLEXIS** Ob im Kübel oder für die Rabatte, man sollte vorgezogene Exemplare dieser zweijährigen Pflanze setzen. Dann ist sie anspruchslos und begeistert durch die Blütenhöhe. Aber Vorsicht: Sie gilt als giftig, insofern vor Kindern schützen.

**15. ZAUBERSCHNEE** Er liebt Sonne kommt aber auch am halbschattigen Standort zurecht. Seine Blühfülle bei gleichzeitiger Zartheit- und Duftigkeit erinnert an Schnee, somit „füllt" es Kübel oder Rabatten.

**16. FUCHSIE** Die Klassikerin gilt als ideale Schattenblüherin, die auch mit gelegentlichen Trockenzeiten klar kommt. Für einen kompakten Wuchs sollte während der Blütezeit nur mäßig gedüngt werden. Formen und Farben bei Blüten und Laubblättern sind reichhaltig. Während der Winterruhephase sollten die Triebe etwas zurückgeschnitten werden. Das fördert gutes Durchtreiben.

**17. FLEISSIGES LIESCHEN** Unermüdliches Blühen, vor allem an schattigen und halbschattigen Plätzen, zeichnet das Lieschen aus. Sonnenstandorte verträgt es nur bei ausreichender Feuchtigkeit. Dank Neuzüchtungen ist es gefüllt oder ungefüllt blühend erhältlich und in vielen Farben, die von Mai bis Oktober erfreuen.

17. FLEISSIGES LIESCHEN / IMPATIENS WALLERIANA

18. VANILLEBLUME / HELIOTROPIUM ARBORESCENS

19. GEFLECKTE TAUBNESSEL / LAMIUM MACULATUM

**18. VANILLEBLUME** Intensiver Vanilleduft zeichnet diese Sommerblume neben ihrer tiefvioletten Blütenfarbe und dem dunklen Laub aus. Sie braucht viel Wasser, einen sonnigen Standort, aber nicht zu viel Dünger. Entfernt man Verblühtes, wird ein weiterer Blütenschub gefördert.

**19. GEFLECKTE TAUBNESSEL** Die anspruchslose Wildpflanze erobert Kübel und Gärten. Als Bienenweide und Blattschmuckpflanze an schattigem bis halbschattigem Standort ist sie gut kombinierbar mit anderen sommerblühenden Pflanzen. Ihre Farben rangieren zwischen Weiß, Purpurrosa bis Hellrosa.

16. FUCHSIE / FUCHSIA CULTIVAR

**20.** SCHOPFLAVENDEL / *LAVANDULA STOECHAS*

**21.** RITTERSPORN / *DELPHINIUM CULTIVAR*

**22.** EISENKRAUT / *VERBENA CULTIVAR*

**23.** MÄNNERTREU / *LOBELIA ERINUS*

**20. SCHOPFLAVENDEL** Frostunempfindlicher als seine duftende Verwandte: der Echte Lavendel ist ein Dauergast in Kübeln oder Rabatten. Ältere Exemplare nehmen stattliche, rundliche Formen an. Der Halbstrauch gilt als Bienen- und Schmetterlingsweide.

**21. RITTERSPORN** Kleinere Sorten für Kübel, größere für Rabatten. Hier wie dort entfaltet der Rittersporn eine überragende Wirkung, die durch richtige Pflege und Standort unterstützt werden muss, denn sonst zieht er sich schnell zurück. Die Blüten weisen den typischen Sporn auf.

**22. EISENKRAUT** Mit angenehmem Duft und kräftigen Blüten ist das Eisenkraut ein wahrer Sonnenanbeter. Regelmäßige Wassergaben dankt es mit gutem Blühen. Sein hängender, üppiger Wuchs und die breite Farbpalette seiner Blüten sind ideal geeignet zur Bepflanzung von Kästen, Kübeln oder Ampeln.

**23. MÄNNERTREU** Das azurblaue Strahlen der fragilen Blüten und unbändige Blühfreude sind die Stärken der polsterartig wachsenden Afrikanerin. Ihre Herkunft besagt bereits, dass Sonne ihr Lebenselixier ist. Rückschnitt nach dem ersten Blütenflor fördert einen üppigen, kissenartigen zweiten Blütenflor.

**24. SCHNEEFLOCKENBLUME** Ihrem Namen macht sie alle Ehre. Die mit weißen Sternblüten übersäten Triebe wirken wie ein Schneegestöber. Die buschig wachsende Pflanze mit hängenden Trieben eignet sich für das Unterpflanzen von Kombinationen.

**25. MÄDCHENAUGE** Die Klassikerin, die früher in keinem Balkonkasten fehlte, wird heute um viele Begleiter ergänzt. Ihre Robustheit und das Sortenspektrum haben ihr dennoch auch im aktuellen Sommersortiment einen festen Platz beschert. Regelmäßiges Gießen und Düngen fördern den kompakten und blütenreichen Wuchs. Nach trockenem und kühlem Überwintern treibt sie im Frühjahr nach einem Rückschnitt wieder gut durch.

**26. STUDENTENBLUME** Die robuste Blüherin weist viele Blütenformen, -farben und -größen auf. Am besten gedeiht sie am sonnigen Standort. Ihr herber, nicht für alle Nasen angenehmer Duft vertreibt auch manchen Pflanzenschädling, weshalb sie gerne in gemischten Pflanzungen einen Stammplatz findet.

**27. HUSARENKNOPF** Die kecke Mexikanerin mit den gold-gelben, kleinen Strahlenblüten, die an geputzte und blinkende Metallknöpfe von Husarenuniformen erinnern, bleibt niedrigwachsend und ist ideal für Unterpflanzungen oder Ampeln. An sonnigem wie halbschattigem Standort gedeiht die Einjährige bei Dünger- und Wassergaben prächtig. Stutzen fördert Nachblühen.

25. MÄDCHENAUGE / COREOPSIS LANCEOLATA

26. STUDENTENBLUME / TAGETES CULTIVAR

27. HUSARENKNOPF / SANVITALIA PROCUMBENS

24. SCHNEEFLOCKENBLUME / SUTERA CULTIVAR (DIFFUSUS)

**28. SALBEI** Er ziert mit aufrechtem, schlankem Wuchs. Die lippenförmigen Blüten stehen dicht an dicht und quirlig um die Rispen herum. Verblühte Rispen abzuschneiden, fördert die Entwicklung der nachwachsenden Triebe und garantiert eine lange Blütezeit.

**29. WANDELRÖSCHEN** Wer die kleinen, harten Laubblätter zwischen den Fingern zerreibt, wird den intensiv-zitronigen Duft sofort wahrnehmen. Die sich von Gelb über Orange nach Rot oder Violett verfärbenden Blüten sind charmante Hingucker an niedrigen kompakten Pflanzen oder Hochstämmchen.

**30. KAPKÖRBCHEN** Reiche Blüte und ein kompakter, leicht überhängender Wuchs zeichnen die margeritenartige Südafrikanerin aus. Sie braucht nährstoffreiche Erde, stete Feuchtigkeit sowie viel Sonne, sonst klappt sie ihre Blüten zu.

29. WANDELRÖSCHEN / LANTANA CAMARA

30. KAPKÖRBCHEN / OSTEOSPERMUM ECKLONIS

28. SALBEI / SALVIA ALPIANA

31. PETUNIE / PETUNIA CULTIVAR

**31. PETUNIE** Früher heikel und etwas glanzlos, brillieren heute robuste Sorten mit kompaktem Wuchs und vielen leuchtenden Blüten gegen Regen und Wind. Einen sonnigen Standort, viel Wasser und regelmäßige Düngergaben braucht die starkzehrende Pflanze. Gelegentliches Auszupfen verblühter Blüten verhilft zu schnellem Nachblühen.

**32. KOSMEE** Die zart anmutende Afrikanerin bringt Liebreiz in Pflanzenkübel oder in den Garten. Niedrige Sorten zeigen Blütenfülle. Nur Schatten oder Halbschatten mag die Sonnenanbeterin nicht. Dann geizt sie mit ihrem Blühzauber.

**33. DAHLIE** Unglaublich vielfarbig und vielgestaltig sind die neueren Züchtungen, robust und aus dem Sommerpflanzensortiment nicht mehr wegzudenken. Kompakt und lange blühend sind sie ein „Must have".

32. KOSMEE / *COSMOS BIPINNATUS*

33. DAHLIE / *DAHLIA CULTIVAR*

34. PURPUR-FETTHENNE / *SEDUM TELEPHIUM*

35. STROHBLUME / *XEROCHRYSUM BRACTEATUM*

**34. PURPUR-FETTHENNE** Sie ist eine Spätberufene. Erst ab August öffnet sie ihre Blüten, dafür bis in den Winter hinein. Auch bei Wasser, Standort und Dünger ist sie nicht anspruchsvoll, von jedem ein bisschen reicht ihr schon.

**35. STROHBLUME** Große Blütensterne, schmales Laub und kompakter Wuchs zeichnen die Strohblume aus, die ihren Namen aufgrund guter Eigenschaften zur Trocknung der Blüte erhielt. Dementsprechend lange ziert sie auch am Sommerstandort selbst bei wenig Wasser.

**36.** MANDEVILLA / *MANDEVILLA SANDERI*

MAI SEP

**37.** GERANIE / *PELARGONIUM ZONALE*

MAI NOV

**38.** FÄCHERBLUME / *SCAEVOLA SALIGNA*

MAI OKT

**39.** SALBEI / *SALVIA FARINACEA*

MAI OKT

**36. MANDEVILLA** Sie ist ein wahres Blühwunder, robust und pflegeleicht dazu. Die Schling- und Kletterpflanze ist indoor wie outdoor gleichermaßen beliebt. Ihr Farbspektrum bereichert.

**37. GERANIE** Die Klassikerin, die früher in keinem Balkonkasten fehlte, wird heute um viele Begleiter ergänzt. Ihre Robustheit und das Sortenspektrum haben ihr dennoch auch im aktuellen Sommersortiment einen festen Platz beschert. Regelmäßiges Gießen und Düngen fördern den kompakten und blütenreichen Wuchs. Nach trockenem und kühlem Überwintern treibt sie im Frühjahr nach einem Rückschnitt wieder gut durch.

**38. FÄCHERBLUME** Die intensive Blüherin ist eine auffallende Erscheinung. Ihre asymmetrischen Blüten sind eine interessante Bereicherung. Damit die kompakt besetzten Rispen und der überhängende Wuchs voll zur Geltung kommen, sind gutes und regelmäßiges Gießen vonnöten.

**39. SALBEI** Er ziert mit aufrechtem, schlankem Wuchs. Die lippenförmigen Blüten stehen dicht an dicht und quirlig um die Rispen herum. Verblühte Rispen abzuschneiden, fördert die Entwicklung der nachwachsenden Triebe und garantiert eine lange Blütezeit.

# Pflanzideen mit diesen Blütenschönheiten:

PURPURGLÖCKCHEN

CHRYSANTHEME

ERIKA

SCHEINSONNENHUT

BERBERITZE

STIEFMÜTTERCHEN

HERBST-ANEMONE

BUSCH-WOLFSMILCH

LAMPIONBLUME

SPANISCHER PFEFFER

# HERBSTLEUCHTEN

WER DIE BUNTE VIELFALT DER HERBSTLICHEN NATUR MUNTER AUF BALKON UND TERRASSE IN SZENE SETZEN MÖCHTE, KOMBINIERT JETZT BLÜHER UND BLATTSCHMUCKPFLANZEN IN WARMEN, FRÖHLICHEN TÖNEN VON ORANGE ÜBER PINK BIS GRÜN.

Ein echter Hingucker auf der Gartenbank sind Stiefmütterchen und Besenheide in passenden kugeligen Töpfen. Mit Stecknadeln fixiertes Laub verleiht eine verspielte Note.

Gute-Laune-Plätzchen: Beim Anblick der bunten Bepflanzungen mit Sonnenhut, Erika, Lampionblume, Purpurglöckchen und Gräsern erwachen die Lebensgeister garantiert!

RECHTS: Blüte, Blatt und Frucht – die ganze Palette des Herbstes zeigen Houttuynien, Seggen, Herbst-Anemonen, Chrysanthemen und Lampionblumen.

UNTEN: Farb-Power für die Terrasse! Die Chrysanthemen vorne werden dabei von in die Höhe strebender Berberitze, Segge und Purpurglöckchen überragt.

UNTEN RECHTS: Ein quirliger Mix gelingt, wenn Sie großblütige Stiefmütterchen und rispige Erika mit Blattschmuckpflanzen kombinieren. Für besonderen Pep sorgen die knalligen Früchte des Spanischen Pfeffers.

# Pflanzideen mit diesen Blütenschönheiten:

PURPURGLÖCKCHEN 'AUTUMN LEAVES'

PURPURGLÖCKCHEN

PURPURGLÖCKCHEN

ALPENVEILCHEN

PURPURGLÖCKCHEN 'PEACH FLAMBE'

PURPURGLÖCKCHEN 'OBSIDIAN'

BUNTNESSEL

SILBER-BRANDSCHOPF

KRIECHENDER GÜNSEL 'ELMBLUT'

BUNTNESSEL

PURPURGLÖCKCHEN

DAHLIE

GOLD- UND SILBER-CHRYSANTHEME

LAMPIONBLUME

CHRYSANTHEME

SCHEINBEERE

DAHLIE

SONNENBRAUT

SPANISCHER PFEFFER

MÄDCHENAUGE

HORN-VEILCHEN

# Auftritt für Statisten

Fast ganz ohne Blüten kommt das herbstliche Trio in hohen Kübeln aus. Denn viel mehr als die zarten weißen Rispen fallen die schön gefärbten Blätter des Purpurglöckchens sowie die Früchte der Lampionblume ins Auge.

Neben prächtigen Blühern werden sie oft übersehen. Doch jetzt erstrahlen Blattschmuckpflanzen und Gräser in den schönsten Farben und spielen in gemischten Bepflanzungen auf Balkon und Terrasse die Hauptrolle. Dabei sorgen sie nicht nur für Fülle und Struktur, sondern auch für optische Abwechslung.

**LINKS:** In der flachen Schale kommen gepflanzte Streifen groß raus. Zu den Alpenveilchen passen die roten Blattunterseiten des Purpurglöckchens und das attraktive Mahagonigras.

**UNTEN:** Während Mauerpfeffer über den Topfrand rankt, bringen Segge und Bärenfellgras Höhe in die Bepflanzung. Blüher, wie Mädchenauge, am besten mittig dazwischen setzen.

Unten: Hohe Sonnenbraut und Chrysanthemen bekommen mit Purpurglöckchen
und Pfennigkraut einen frischgrünen Rahmen,
da sie am Gefäßrand platziert werden.

Oben: Sonnengelbe Chrysanthemen werden
von einem Feuerwerk aus rötlichem Lampen-
putzergras und zweierlei Segge überragt.
Die Erde bedecken Mauerpfeffer und Steine.

**RECHTS:** Eine Umpflanzung aus dunkelvioletten Purpurglöckchen bringt die Chrysanthemen erst richtig zum Strahlen. Hinten teilen sich Günsel, Segge, Mauerpfeffer und Blüher einen Topf.

**UNTEN:** Feurige Akzente zwischen dunkellaubigem Purpurglöckchen und Günsel sowie dem eigenen Blattgrün setzen Brandschopf und Zierpaprika.

OBEN: Wie prachtvolle Blüten wirken die Blätter des Fuchsschwanzes in Rot-Gelb-Grün. Wenige Begleiter dazu reichen aus.

RECHTS: Als leuchtend rotes Trio überzeugen Dahlien, Rebhuhnbeeren und Purpurglöckchen und fügen sich perfekt in die Herbstfarben.

# DAS BLÜHT IM HERBST

**1.ERIKA** Auch wenn sie andere Standorte toleriert, gedeiht sie am besten am Sonnenplatz. Es gibt unzählige Arten, die auch zu anderen Jahreszeiten erfreuen, die Sommer- oder Besenheide blüht im Spätsommer.

**2.STIEFMÜTTERCHEN** Keine Pflanze hat so ausgeprägte Gesichter wie das Stiefmütterchen. In unendlichen Musterungen, Farben und Zusammenstellungen ist sie eine der vielseitigsten und mittlerweile anspruchslosesten Pflanzen mit nahezu ganzjährigem Auftritt.

**3. HERBST-ANEMONE** Diese elegante Blüherin fühlt sich im Halbschatten am wohlsten. Deshalb sollten auch Topfbepflanzungen mit ihr nicht zu exponiert platziert sein. Lässt man sie abgedeckt und am geschützten Standort über Winter im Freien, erfreut sie auch im kommenden Jahr mit reicher Blühpracht. Ihre Blütenfarben rangieren von Weiß bis Kaminrot, ihre Blütenform reizt mit schlichtem Aufbau und nur mäßig gefüllten Infloreszenzen. Durch Züchtung sind mittlerweile viele Sorten auf dem Markt.

2. STIEFMÜTTERCHEN / VIOLA X WITTROCKIANA

1. ERIKA / ERICA GRACILIS

3. HERBST-ANEMONE / ANEMONE HUPEHENSIS

**4.    SCHEINSONNENHUT / ECHINACEA PURPUREA**

**6.    SILBER-BRANDSCHOPF / CELOSIA ARGENTEA**

**5.    ALPENVEILCHEN / CYCLAMEN PERSICUM**

**4. PURPUR-SONNENHUT** Neben dem klassischen Sonnenhut in Dunkel-rosé findet man ihn auch in Pur-pur, Hellrosa oder Weiß. Ein Rückschnitt nach der Blüte spornt zur Zweitblüte an.

**5. ALPEN-VEILCHEN** Omas Liebling hat es mittlerweile in das Herbst-beet und in die Kübelbepflanzun-gen geschafft. Blütenfülle, Robust-heit und Liebreiz zeichnen ihn aus und machen den Klassiker zum innovativen Newcomer.

**6. SILBER-BRANDSCHOPF** Die einjäh-rige Pflanze gibt es mittlerweile in vielen Farben. Ein sonniger Standort ist grundsätzlich ideal, allerdings darf es nicht zu warm werden. Sie ist in vielen kräftigen Blütenfarben erhältlich und wird bereits ab Sommer angeboten. Ihr Name Federbusch-Celosie deutet auf die Verwandtschaft mit der Hahnenkamm-Celosie hin.

**7. SONNENBRAUT** Die Sonnenanbeterin füllt Kübel und Rabatten mit ihrem prächtigen Wuchs. Bei richtiger Pflege und gelegentlichem Auszupfen von Verblühten blüht sie sommerlang in vielen verschiedenen Farbtönen.

**8.DAHLIE** Unglaublich vielfarbig und vielgestaltig sind die neueren Züchtungen, robust und aus dem Pflanzensortiment nicht mehr wegzudenken. Kompakt und lange blühend sind sie ein „Must have".

9. GOLD- UND SILBER-CHRYSANTHEME / *AJANIA PACIFICA*

7. SONNENBRAUT / *HELENIUM CULTIVAR*

8. DAHLIE / *DAHLIA CULTIVAR*

10. SPANISCHER PFEFFER / *CAPSICUM ANNUUM*

**9. Gold- und Silber-Chrysantheme** Diese Herbststaude glänzt durch silbergrüne Blätter und goldgelbe Blüten. Werden die Temperaturen niedriger, zeigt sie sogar ein rötliches Farbenspiel.

**10. Spanischer Pfeffer** Als einjährige Zierpflanze drinnen wie draußen begeistert er aufgrund seiner glänzenden roten oder orangen Früchte. Zwar liebt er die Helligkeit, doch in direkter praller Sonne würden die Früchte Schaden nehmen. Diese sind essbar. Im Herbst trocknen sie an der Pflanze ein. Man kann sie vorher abnehmen, trocken lagern und als Gewürz verwenden. Neue Pflanzen durch Samenaussaat heranziehen.

**11. CHRYSANTHEME** Die Ganzjahresblume hat ihren entscheidenden Auftritt im Herbst. Ihre Temperaturfestigkeit macht sie teils weit über den ersten Frost hinaus mit ihrem facettenreichen Blütenflor zu einer wichtigen Vertreterin in Kübel und Rabatte.

**12. LAMPIONBLUME** Nicht die Blüte sondern die leuchtend orangen Früchte, bei denen sich blasen- oder eben lampionförmig die Kelchblätter um die Frucht legen, machen den Zierwert dieser Pflanze aus. Ihr skelettartiges Verwittern ziert im Winter.

14. REBHUHNBEERE /
GAULTHERIA PROCUMBENS

11.
CHRYSANTHEME /
CHRYSANTHEMUM X GRANDIFLORUM

12.
LAMPIONBLUME /
PHYSALIS ALKEKENGI

JUL SEP

13.
HORN-VEILCHEN /
VIOLA CORNUTA

MAI DEZ

MÄR OKT

JUL AUG

**13. HORNVEILCHEN** Die kleine Verwandte des Stiefmütterchens reizt mit ihren charmanten Blütengesichtern. Ihr niedriger, polsterartiger Wuchs prädestiniert sie zur idelaen Kübel- oder Topfpflanze für Terrasse und Balkon.

**14. REBHUHNBEERE** Die Vertreterin der Erikagewächse ist immergrün und ziert bis weit in den Winter hinein mit ihren leuchtend roten Beeren. Als idealer Bodendecker begrünt sie im Garten Flächen unter höheren Stauden. Auch im Kübel bedeckt sie das Erdreich zwischen anderen Pflanzen.

# Pflanzideen mit diesen Blütenschönheiten:

TORFMYRTE

ILEX

SKIMMIE

ILEX

KALMUS

LAVENDELHEIDE

REBHUHNBEERE

SCHNEEGLÖCKCHEN

CHRISTROSE

SELBST IM WINTER HÄLT DIE NATUR JEDE MENGE ATTRAKTIVER PFLANZEN BEREIT. DAS ANGEBOT AN BLÜHENDEM IST ZWAR GERING, DAFÜR GEWINNT DIE PFLANZE ALS SOLCHE ABER AN BEDEUTUNG.

# WINTERSTIMMUNG

Als dekorative Elemente zwischen Ilex, Torfmyrte, Lavendelheide und Skimmie dienen rote Hartriegelzweige, an denen wiederum Accessoires wie Heusterne befestigt werden können

**LINKS:** Wolfsmilch und Spindelstrauch gesellen sich, in einzelne Tontöpfe gepflanzt, zu den Christrosen im eigentlich ausgedienten Holzkorb. Weihnachtlicher Schmuck stimmt auf das nahende Fest ein.

**UNTEN:** Unterschiedliche wärmende Ummantelungen bringen Abwechslung in Monobepflanzungen aus Rebhuhnbeeren. Jute, Heu, Moos oder Stroh werden ganz einfach mit einer Krodel fixiert.

Ein Ensemble aus einem Reisigkränzchen und Kiefernzapfen begleitet den mit trockenem Gras umkränzten Topf der Christrose. Ihre Blüten werden bis weit ins Frühjahr hinein das Auge erfreuen.

**OBEN:** Auf besondere Weise zieren die attraktiv mit Heu und Band umwickelten sowie mit Kränzchen verzierten Gefäße des Kalmus.

**LINKS:** Mit einem puscheligen Textilmäntelchen versehen, werden die Gefäße der Miniweihnachtsbäume zu witzig-fröhlichen Hinguckern.

**LINKS:** Schutz und attraktive Umhüllung bieten Korbgefäße, in die die Pflanzen einfach hineingestellt werden. Dazwischengestecktes Zeitungspapier schützt zusätzlich.

**UNTEN:** Das Schneeglöckchen ist eine der wenigen blühenden Vertreterinnen der kalten Jahreszeit. Das kleine Töpfchen wird mit Stroh umwickelt und mit einem Zapfen geschmückt.

# Pflanzideen mit diesen Blütenschönheiten:

LENZROSE /
HELLEBORUS ORIENTALIS 'ANNA'S RED'

LENZROSE –
HELLEBORUS ORIENTALIS 'DANA'S DULCET'

LENZROSE / HELLEBORUS ORIENTALIS 'PENNY'S PINK'

LENZROSE / HELLEBORUS ORIENTALIS 'CINDERELLA'

LENZROSE /
HELLEBORUS ORIENTALIS 'CHERYL'S SHINE'

CHRISTROSE /
HELLEBORUS NIGER 'MOLLY'S WHITE'

LENZROSE /
HELLEBORUS ORIENTALIS 'CHARMER'

# DEM WINTER TROTZEN

DIE FARBENFROHEN VERWANDTEN DER VORRANGIG WEISSEN CHRISTROSE ZEIGEN SICH SCHON IN DEN ERSTEN WOCHEN DES JAHRES, WENN SCHNEE UND EIS NOCH GARTEN UND TERRASSE BEDECKEN, EIN BLÜTENREICHES JAHR.

Durch die rustikale Oberfläche der Bretter setzt der Holzkasten einen Kontrast zu den attraktiven Blüten der Lenzrose. Zarte Zweige und Federn unterstreichen die Leichtigkeit.

Raue Borkenstückchen schützen palisaden-
artig die zarten Pflanzen und ihre rankenden
Begleiter die scheinen, als hätten sie sich
aus der Erdoberfläche nach oben hindurch
gekämpft.

UNTEN: Die zartpinken Blüten werden von der rankenden Efeupflanze begleitet. Letztere schafft den Übergang zu den Gefäßen, deren dunkler Farbton die Leuchtkraft der Lenzrosen verstärkt.

OBEN: In pastellfarbigen, mit Moos gefüllten Körbchen werden die zwei Sorten der Lenzrose zu einem attraktiven Hingucker auf der Terrasse. Dicke Wollfäden setzen zeitgemäße Akzente.

**LINKS:** Winterliches Stillleben! Mit Wolle umwickelte Zweige werden kurzerhand über die zweifarbigen Blüten der Lenzrosen gelegt.

**UNTEN:** Rotrindige Hartriegelruten verbinden die in Reihe positionierten Korbgefäße. Sie setzen die farbliche Abstufung der unterschiedlichen Sorten fort.

Hier trifft Lenz- auf Christrose und vereint sich mit Polstersteinbrech im Körbchen zu einem attraktiven Sammelsurium. Trockene Zweige und Äste werden dazu arrangiert.

# DAS BLÜHT IM WINTER

**1. STECHPALME** Mit ihrem immergrünen und oft dornig gezähnten Laub, das sich mit den leuchtend roten Steinfrüchten schmückt, ist die Stechpalme, auch Ilex genannt, eine robuste Vertreterin der Winterflora. Im Angelsächsischen ist sie eine traditionelle Weihnachtspflanze.

**2. CHRISTROSE** Diese Blütenschönheit ist nahezu die einzige Winterblüherin. Züchterisch bearbeitet, kokettiert sie in vielen Varianten und bereichert in Kübel und Beet.

**3. SKIMMIE** Anspruchslos wie sie ist kommt sie gut mit niedrigen Temperaturen zurecht. Gleichzeitig zeigt sie übers gesamte Jahr einen attraktiven Blüten- und späteren Beerenansatz, der bis in den Winter anhält. Wichtig ist, Verblühtes nicht abzuzupfen, da sich hieraus der Fruchtschmuck entwickelt. Auch das lorbeerartige Laub erfreut ganzjährig mit seinem kräftigen Dunkelgrün und füllt damit attraktiv Kübel- und Topfbepflanzungen. Auch im Garten beweist sie sich als gern gesehene und unproblematische Ergänzung.

2. CHRISTROSE / *HELLEBORUS NIGER*

DEZ MÄR

1. STECHPALME / *ILEX AQUIFOLIUM*

MAI JUN

3. SKIMMIE / *SKIMMIA JAPONICA*

FEB JUN

4. TORFMYRTE / *GAULTHERIA MUCRONATA*

5. REBHUHNBEERE / *GAULTHERIA PROCUMBENS*

6. SCHNEEGLÖCKCHEN / *GALANTHUS NIVALIS*

7. STECHPALME / *ILEX ALTACLARENSIS*

4. TORFMYRTE Der immergüne und niedrigwachsende Strauch ist ein idealer Bodendecker im Kübel wie auf der Rabatte. Der Fruchtschmuck der weiblichen Pflanzen ziert im Winter in Weiß, Rosa Lila oder Karmesinrot.

5. REBHUHNBEERE Das Erikagewächs ist immergrün und ziert bis weit in den Winter hinein mit leuchtend roten Beeren. Als idealer Bodendecker begrün: sie Flächen unter höheren Stauden. Auch im Kübel bedeckt sie das Erdreich zwischen anderen Pflanzen.

6. SCHNEEGLÖCKCHEN Als erste Blüherin im Jahr fürchtet sie weder Schnee noch frostige Temperaturen. Vom ersten warmen Sonnenstrahl geweckt, reckt die Zwiebelpflanze ihre Triebe und öffnet die glöckenförmigen Blüten.

7. STECHPALME Die kleinblättrige Ilex, bzw. die Stechpalme ziert bereits durch seine goldgelb gerandeten, ledrigen und spitzzahnigen Blätter. Da braucht es keinen weiteren Beeren- oder Blütenschmuck.

# KLEINE TOPFKUNDE

**1 TERRAZZO** wurde bereits in der Antike verwendet. Der künstliche mineralische Werkstoff besteht aus einem Bindemittel, wie gebranntem Kalk oder Zement, und Zuschlägen aus Gesteins- oder Ziegelsplitt. Er wird in Form gegossen. Durch Schleifen der Oberfläche werden die Körner der Zuschläge sichtbar und bestimmen so das Erscheinungsbild. Zum Bepflanzen der Gefäße sollte man am besten Kunststoffeinsätze verwenden.

**2 TERRAKOTTA** Töpfe aus Terrakotta (ital. terra cotta = gebrannte Erde) sind die passenden Gefäße für alle, die es mediterran lieben. Die porösen Wände der mehrfach gebrannten Töpfe sorgen für einen guten Luftaustausch. Da darüber auch Wasser verdunstet, muss man die Pflanzen im Sommer häufiger gießen. Durch Kalkablagerungen setzt Terrakotta mit der Zeit Patina an, die den Gefäßen jedoch nicht schadet, sondern sie eher noch attraktiver macht. Achtung im Winter: Nicht alle Terrakottagefäße sind frostsicher. Als qualitativ besonders hochwertig und frostfest gilt Impruneta-Terrakotta aus dem gleichnamigen Ort in der Toskana.

**3 STEINGUSS** ist eine Technik, bei der Zuschlagsstoffe aus pulverisiertem Stein mit Bindemittel und Wasser vermischt in eine Hohlform gegossen werden. Der moderne Steinguss benutzt als Bindemittel Zement und wird auch als Betonguss, Zementguss oder Kunststein bezeichnet. Diese Verarbeitung ermöglicht vielfältige Gefäßformen. Die Töpfe sind meistens sehr schwer, aber weitestgehend frostfest und setzen mit der Zeit eine dekorative Patina an.

**4 KORB** Gefäße aus Korb wirken meistens ländlich und verbreiten rustikalen Charme, besonders, wenn sie aus Weidengeflecht hergestellt sind. Sie sind praktisch in der Handhabung, da sie nur ein geringes Eigengewicht haben und damit gut bewegt werden können. Zum Teil werden sie im Handel bereits mit Folie angeboten, andernfalls ist es empfehlenswert, sie selbst damit auszuschlagen und so vor Verwitterung zu schützen.

**5 STEINZEUG** besteht aus bestimmten Tonmassen, die bei etwa 1200-1300 °C gebrannt werden. Durch die Höhe der Temperatur verdichten sich die Zellen und werden weitestgehend wasserundurchlässig. Gefäße aus Steinzeug sind sehr hart, schwer und standfest. Oft werden sie mit Glasuren in vielen unterschiedlichen Farben angeboten und sind dann nur bedingt frostfest.

**6 METALL** Gefäße aus Metall gibt es in verschiedenen Ausführungen: Die edleren Varianten aus Edelstahl, Blei, Eisen oder Gusseisen sind relativ teuer. Günstiger und wegen ihres geringen Gewichtes flexibler einsetzbar sind Kübel, Töpfe und Eimer aus Zink. Die Metallgefäße sollten möglichst mit einer stabilen Folie ausgeschlagen werden, so bleiben sie länger attraktiv. Sie sind frostfest, eignen sich allerdings nicht für vollsonnige Standorte, da sie sich schnell aufheizen, was sich schädlich auf das Wurzelwerk der Pflanzen auswirkt.

**7 STANDARDTON** Die Gefäße aus einfachem gebranntem Ton gibt es in jedem Gartencenter. In standardisierten Größen von fingerhutklein bis eimergroß werden sie maschinell hergestellt, einer gleicht dem anderen. Die preisgünstigen Töpfe sind keine Schmuckgefäße, sondern dienen meist zur Anzucht von Pflanzen.

**8 FIBERGLAS** ist ein Faser-Kunststoff-Verbund aus einem Kunststoff wie zum Beispiel Polyesterharz, Epoxidharz oder Polyamid und Glasfasern. Vorteile dieser Gefäße sind ihr geringes Gewicht und ihr unterschiedliches Erscheinungsbild. Ob ganz modern, puristisch, edel in Stein- oder klassisch in Terrakottaoptik – das Material ist äußerst vielseitig und gilt als witterungsbeständig.

**9 KUNSTSTOFF** Töpfe aus Kunststoff sind leicht, relativ bruchfest und gut zu reinigen. Ihre Verarbeitung ist heute oft hochwertig und ahmt optisch andere Materialien nach, so dass sie von diesen auf den ersten Blick kaum zu unterscheiden sind. Achtung bei Kunststoffgefäßen in dunklen Farben. Sie erhitzen sich leicht, was die Wurzeln der Pflanzen schädigen kann.

# TIPPS FÜR TRAUMHAFTE GÄRTEN

**1** Mit dem PFLANZENKAUF fängt alles an. Eine gute Qualität ist das A und O eines lange währenden Blühvergnügens. Kaufen Sie deshalb im Fachhandel ein, wo sie auch von Spezialisten wie Gärtnern beraten werden können. Gute Qualität erkennt man an gesunden, kräftigen, saftig grünen Pflanzen. Welke, braune, fleckige oder verfärbte Blätter deuten auf Krankheiten hin. All dies schwächt die Pflanze von vornherein. Der Wurzelballen sollte gleichmäßig durchfeuchtet sein. Und natürlich sollten sich keinerlei Schädlinge wie Blattläuse an den jungen Pflanzen finden.

**2** WANN GEHT'S LOS? Eigentlich ist der richtige Zeitpunkt zum Pflanzen nach den Eisheiligen, wenn die Gefahr der Nachtfröste vorbei ist. Allerdings kann an geschützten Standorten auch früher gepflanzt werden. Dann müssen bei Nachtfrostgefahr die Pflanzen mit einem Vlies abgedeckt oder ins Haus geholt werden.

**3** DIE RICHTIGE ERDE. Das Pflanzensubstrat ist jährlich zu erneuern. Verwenden Sie dazu Gärtnererde. Diese ist mit allen Bestandteilen optimal auf die Bedürfnisse abgestimmt und vorgedüngt. Frische Gärtnererde duftet angenehm, fühlt sich leicht feucht an und hat eine lockere, krümelige Struktur.

**4** WIE PFLANZE ICH? Vor dem bepflanzen sollte man sich alle Bestandteile am besten auf einem Tisch zurechtlegen: die Pflanzen, das Substrat, das Gefäß, die Gießkanne mit Wasser. Dann die Abzugslöcher im Pflanzgefäß mit Tonscherben abdecken, mit ausreichend Erde füllen, leicht andrücken, dann die ausgetopften Wurzelballen der Pflanzen an ihrem jeweiligen Platz einsetzen und die Freiräume dazwischen mit weiterer Erde auffüllen. Zum Schluss diese rundum leicht andrücken, es sollte ein mindestens daumendicker Gießrand verbleiben, und alles vorsichtig, möglichst direkt an den Pflanzen, wässern.

**5** GIEßEN MIT GEFÜHL! Beim Gießen sollten Sie einen Brausevorsatz verwenden, weil ein harter Strahl die Erde auf- und wegschwemmen würde. Gießen Sie frühmorgens oder abends und stets unter die Blätter. Feuchtigkeit auf und zwischen den Blättern würde Pilzkrankheiten befördern bzw. wirkt wie ein Brennglas bei starker Sonne. Erde nie austrocknen lassen, überprüfen Sie täglich die Erdfeuchtigkeit.

**6** GUT IN FORM! Pflanzen wachsen unterschiedlich schnell. Damit alles gut zueinander passt, müssen Schnellwachser und Langtriebiges zwischendurch eingekürzt werden, um anderen Pflanzen Platz zu schaffen. Wer Verblühtes regelmäßig auszupft, sorgt damit für üppigeren Blütenflor sowie für einen gleichmäßigeren und kompakteren Wuchs.

**7** EINE AUSGEWOGENE ERNÄHRUNG! Düngen ist eine Kunst für sich und klare Regeln zu geben, nahezu unmöglich. Die meisten Pflanzen kommen in den ersten vier bis sechs Wochen mit den Startdüngern aus, die bereits der Gärtnererde in Form von Depotdünger beigemischt sind. Dann müssen die Flüssigdünger hinzukommen. In der Regel sollte einmal in der Woche mit dem Gießwasser ein für die Blumen geeigneter Flüssigdünger verabreicht werden. Gießen Sie den Dünger nie auf trockene Erde, das würde zu Verbrennungen an den Pflanzenteilen führen. Vor allem verholzende Pflanzen, wie Hochstämmchen oder Geranien, die überwintert werden, sollten nach der letzten Blüte nicht mehr gedüngt werden, damit sie zur Ruhe kommen.

**8** URLAUBSVERTRETUNG. Wer keine automatische Bewässerungsanlage hat, muss während des Urlaubs für die Pflege der Blüher Sorge tragen. Für ein oder zwei Tage können Schalen in wassergefüllte Unterteller gestellt oder Kästen über Saugdochte und Wasserreservate versorgt werden. Darüber hinaus ist sicherlich der Nachbar gerne behilflich.

**9** PFLANZENSCHUTZ. Untersuchen Sie Ihre Pflanzen möglichst wöchentlich auf Schädlings- oder Krankheitsbefall. Bei ersten Anzeichen sollten Sie sofort reagieren. Am besten erkundigen Sie sich in Ihrem Fachgeschäft. Dann kann noch mit umweltverträglichen Maßnahmen für schnelle Abhilfe gesorgt werden, ohne zur Giftspritze greifen zu müssen.

**10** TÖPFCHEN WECHSLE DICH. Vor allem mehrjährige Pflanzen müssen von Zeit zu Zeit in ein größeres Gefäß umgesetzt werden. Immer dann, wenn die Wurzeln den kompletten Topfbereich durchwurzelt haben. Die Faustregel besagt, dass das neue Gefäß zehn Prozent größer sein sollte, um optimales Weiterwachsen zu gewährleisten.

# TOP 10

## SONNENANBETER

1 Eisenkraut *(Verbena Cultivar)*
2 Blaues Gänseblümchen *(Brachyscome multifida)*
3 Strohblume *(Helichrysum apiculatum)*
4 Kapmargerite *(Osteospermum ecklonis)*
5 Lavendel *(Lavandula angustifolia)*
6 Gazanie *(Gazania rigens)*
7 Garten-Strohblume *(Xerochrysum bracteatum)*
8 Strauchige Sonnenwende *(Heliotropium arborescens)*
9 Feinblatt-Studentenblume *(Tagetes tenuifolia)*
10 Wandelröschen *(Lantana camara)*

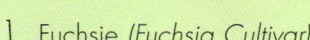

## SCHATTENLIEBHABER

1 Fuchsie *(Fuchsia Cultivar)*
2 Fleißiges Lieschen *(Impatiens Cultivar)*
3 Kapfuchsie *(Phygelius aequalis)*
4 Buntnessel *(Plectranthus coleoides)*
5 Gewöhnlicher Gundermann *(Glechoma hederacea)*
6 Kriechender Günsel *(Ajuga reptans)*
7 Weiße Taubnessel *(Lamium album)*
8 Sauerklee *(Oxalis triangularis)*
9 Pfennigkraut *(Lysimachia nummularia)*
10 Knollenbegonie *(Begonia Tuberhybrida-Gruppe)*

## KÜCHENKRÄUTER

1 Basilikum *(Ocimum basilicum)*
2 Rosmarin *(Rosmarinus officinalis)*
3 Thymian *(Thymus vulgaris)*
4 Schnittlauch *(Allium schoenoprasum)*
5 Petersilie *(Petroselinum crispum)*
6 Salbei *(Salvia officinalis)*
7 Oregano *(Origanium vulgare)*
8 Minze *(Mentha Cultivar)*
9 Zitronenmelisse *(Melissa officinalis)*
10 Bohnenkraut *(Satureja hortensis)*

## DUFTWUNDER

1 Lavendel *(Lavandula angustifolia)*
2 Rose *(Rosa Cultivar)*
3 Strauchige Sonnenwende *(Heliotropium arborescens)*
4 Falscher Jasmin *(Philadelphus coronarius)*
5 Flügel-Tabak *(Nicotiana alata)*
6 Duftpelargonie *(Pelargonium Cultivar)*
7 Buntnessel *(Plectranthus coleoides)*
8 Lilie *(Lilium Cultivar)*
9 Feder-Nelke *(Dianthus plumarius)*
10 Currystrauch *(Helichrysum italicum)*

# BLUMEN – 1000 GUTE GRÜNDE!

Es gibt 1000 gute Gründe, einem lieben Menschen oder sich selbst mit Blumen und Pflanzen eine Freude zu bereiten. Denn sie gehören einfach zum Leben dazu.

Lassen Sie sich inspirieren und besuchen Sie die größte Blumen-Community Deutschlands. Ob saisonale Deko-Tipps, kreative Ideen zum Nachgestalten, tolle Gewinnspiele oder praktische Pflegetipps – Sie werden begeistert sein.

www.1000gutegruende.de
www.facebook.com/1000gutegruende

BLUMEN
1000 GUTE
GRÜNDE

# IMPRESSUM

### HERAUSGEBER
BLOOM's GmbH, Ratingen, www.blooms.de

### KONZEPTION
Daniela Wirtz

### TEXT UND REDAKTION
Hella Henckel (vwtl.), Daniela Wirtz

### STYLING
Klaus Wagener, Team BLOOM's

### FOTOS
Patrick Pantze Images GmbH, Lage
S. 130-135 Kwerkerij Verboom, alle Helleborus-
Sorten werden unter Handelsbezeichnungen
Winter Angels angeboten. **www.winterangels.eu**

### GRAFIKDESIGN
Riswane Abdurachmanov

### DTP
Gordian Jenal

### DRUCK
Firmengruppe APPL, aprinta Druck, Wemding (D)

© BLOOM's GmbH
Am Potekamp 6, 40885 Ratingen,
T 02102 9644-0, F 02102 896073
E-Mail: info@blooms.de
Internet: www.blooms.de
1. Auflage 2018
ISBN: 978-3-945429-13-6

## DIE AUTORIN

Als Redakteurin des
Lifestyle-Magazins
BLOOM's DECO hat
sie ihre Leidenschaft zum
Beruf gemacht. Für sie gibt
es kaum etwas Schöneres,
als die eigenen vier Wände
saisonal immer wieder neu
zu dekorieren und mit Hin-
guckern, die oft selbst gemacht sind, zu spicken. Blumen dürfen
dabei niemals fehlen. Im Magazin BLOOM's DECO gibt sie
die Liebe für die schönen Dinge im Leben an die Leser weiter
und versorgt diese von Ausgabe zu Ausgabe mit neuen Ideen.

MIT FREUNDLICHER UNTERSTÜTZUNG VON